Rio
desde o início

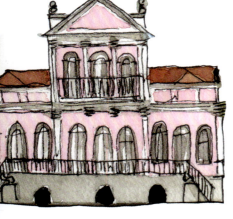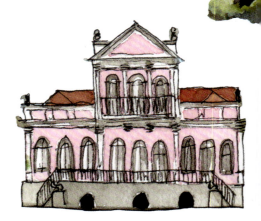

**Prefeitura da Cidade do Rio de Janeiro,
Secretaria Municipal de Cultura** apresentam

• Ana Paula Alcantara •

Rio
desde o início

a evolução urbana da cidade para quem (ainda) não é urbanista

CULTURA

COORDENAÇÃO EDITORIAL
Arte Ensaio Editora

TEXTO
Ana Paula Alcantara

ILUSTRAÇÕES
Ornella Schmals Savini

ILUSTRAÇÕES CADERNO VAMOS PASSEAR?
Laura de Siqueira Duarte

MAPAS E GRÁFICOS
Ana Paula Alcantara
Eduarda Amalcaburio Pydd
Mariana Pires Ricachinevsky
Vinicius Cruz Howes Ramos

PROJETO GRÁFICO DE CAPA E MIOLO
Fernanda Mello

PREPARAÇÃO DE TEXTO
Kathia Ferreira
Sandra Rico

IMPRESSÃO E ACABAMENTO
Comunicação Impressa

Reservados todos os direitos de publicação em língua portuguesa a Ana Paula Sá Alcantara Gomes Editorial
www.riodesdeoinicio.arq,br
Impresso no Brasil Printed in Brazil
ISBN 978-65-87141-20-6

Dados Internacionais de Catalogação na Publicação (CIP)
(eDOC BRASIL, Belo Horizonte/MG)

Alcântara, Ana Paula.

A347r   Rio desde o início / Ana Paula Alcântara. - Rio de Janeiro, RJ: Arte Ensaio, 2023.

Rio desde o início / Ana Paula Alcântara. - Rio de Janeiro, RJ: Arte Ensaio, 2023.

ISBN 978-65-87141-20-6

1. Rio de Janeiro (RJ) - História. 2. Literatura infantojuvenil.   I. Título.

CDD 981.53

Criada em 2013, a lei de incentivo à cultura da cidade do Rio de Janeiro é o maior mecanismo de incentivo municipal do país em volume de recursos. No ano de 2021, atualizamos os procedimentos para torná-la ainda mais democrática e mais simplificada. O Rio de Janeiro possui uma produção cultural diversa e que é decisiva para o seu desenvolvimento e para o bem-estar da população.

Nossa lei, carinhosamente apelidada de Lei do ISS, é um de nossos mecanismos de fomento que buscam estimular o encontro da produção cultural com a população.

Secretaria Municipal de Cultura do Rio de Janeiro

Acredito que a melhor forma de conhecer, respeitar e amar uma cidade é vivenciando o seu espaço urbano. Colocar os pés nas ruas, atento às muitas histórias que ela tem para contar, é o melhor caminho para isso.

Desde pequena adoro passear pelas cidades. Pouco a pouco, fui descobrindo histórias especiais. Cresci, me formei em Arquitetura e Urbanismo, morei em diferentes lugares pelo mundo e fui aprendendo a ver cada um deles com carinho e encantamento. Quando me tornei mãe, o olhar curioso do meu filho sobre as cidades me mostrou a importância de se falar sobre urbanismo com as crianças. Afinal, elas serão as responsáveis por nossas cidades no futuro.

A primeira edição deste livro inspirou passeios em família, conversas, debates e trabalhos escolares sobre questões urbanas. Muitas crianças aproveitaram as informações aqui registradas para conhecer mais e melhor a cidade do Rio de Janeiro, levando junto familiares, amigos e professores. Não foram poucos os pais que aprenderam com os filhos. A experiência proporcionada pela primeira edição nas casas e nas escolas trouxe a certeza de que as crianças podem e devem enxergar a cidade sob seu próprio olhar e entender seus significados. O projeto merecia seguir adiante e cada vez mais voltado para o olhar infantil.

A proposta deste livro é que, depois da leitura, com nossos **Roteiros** e *Cartões de Passeios* em mãos todos aproveitem para caminhar pelas ruas sabendo bem onde estão pisando. Identificação e pertencimento são sentimentos fundamentais em relação ao espaço em que vivemos, mas só os adquirimos quando vivenciamos as ruas e nos apropriamos dos lugares.

Caminhar pelas cidades e ser surpreendido é muito bacana. Mas, quando estamos preparados para compreendê-las, passado e presente se misturam e nos ajudam a construir um futuro melhor. Valorizar nosso patrimônio e facilitar o acesso a ele é essencial para a vivência espaço-temporal de uma cidade.

Este livro é uma tripla homenagem: aos meus pais, por me ensinarem a importância do conhecimento; ao meu filho, que me ensinou a olhar o mundo com encantamento e doçura; e ao Rio de Janeiro, que sempre foi minha base, meu porto seguro e a cidade das minhas memórias mais felizes.

Vocês já sabem, mas agora vão descobrir, que o Rio de Janeiro é muito mais que uma Cidade Maravilhosa.

— *Ana Paula Alcantara*

Carta aos pais e educadores

A cidade não se resume a um conjunto de edificações, ruas e praças. Muito mais do que isso, a cidade é o *locus* de construção de nossa identidade individual e coletiva. E é na infância que o processo de identificação com a cidade é potencializado, abrindo suas portas para a estruturação do sentido de pertencimento ao lugar, à sociedade, à cultura.

Educadores e psicólogos têm alertado que as crianças que não experienciam os espaços da cidade, mantendo-se confinadas aos "plays" ou às telas de tablets, deixam de se sentir concernidas pelo lugar onde vivem e perdem o interesse e o entusiasmo pela descoberta de novas possibilidades de aprendizado.

O presente livro é uma oportunidade ímpar para estimular essa aventura do conhecimento. Com ele, em vez de decorar datas e nomes para cumprir uma obrigação escolar, as crianças (de todas as idades) serão incentivadas a vivenciar a história do Rio de Janeiro, construindo uma outra relação com a cidade.

Vivenciar é aprender a fazer parte do lugar não apenas espacialmente, mas social e culturalmente também. Ao caminhar pela cidade, guiados por este livro, nossos pequenos leitores estarão, ao mesmo tempo, se apropriando de seus espaços, compreendendo seus significados e reforçando os seus laços de pertencimento e enraizamento afetivo. A memória que emerge de cada canto da cidade os induzirá a reinterpretar seu próprio passado, a ancorar sua existência no presente e a construir um futuro mais consciente.

Por tudo isso, eu considero que *Rio desde o início: a evolução urbana da cidade para quem (ainda) não é urbanista* é um livro indispensável para leitores de todas as idades, cariocas ou não. Sua autora, Ana Paula Alcantara Gomes, é uma arquiteta e urbanista que tem esse olhar sensível, empático e leve sobre a cidade. Ela brinda seus leitores com uma escrita fluida, divertida e que, nem por isso, deixa de ser densa e cheia de ensinamentos.

— **Cristiane Rose de Siqueira Duarte**
Arquiteta e urbanista, doutora pela Université de Paris I - Sorbonne, professora titular aposentada da FAU — UFRJ e docente do Programa de Pós-Graduação em Arquitetura - PROPARQ.

Apresentação

*"A cidade não conta o seu passado, ela o contém
como as linhas da mão, escrito nos ângulos das ruas,
nas grades das janelas, nos corrimãos das escadas,
nas antenas dos para-raios, nos mastros das bandeiras,
em cada segmento riscado por arranhões,
entalhes e esfoladuras. (...)"*

CALVINO, Ítalo. *As cidades invisíveis.* São Paulo: Companhia das Letras, 1990, p.14

Depois do sucesso alcançado com *Porto Alegre na palma da mão*, Ana Paula não hesitou em idealizar um novo livro com foco no Rio de Janeiro, sua cidade natal.

Ciente de que as crianças observam a cidade por um prisma diferente dos adultos, sua atenção se voltou para estimular a imaginação infantil durante a leitura do livro e despertar o interesse em fazer os percursos assinalados nos mapas.

Essa metodologia certamente contribuirá para que a criança extraia uma melhor compreensão do papel que a cidade exerce na sua vida cotidiana. Dificilmente ela deixará de incorporar à sua memória seletiva os espaços urbanos visitados.

Do sonho à realidade serão inúmeros os percursos a serem feitos ao longo de suas vidas. Sabemos que a percepção da realidade varia em função dos padrões culturais incorporados por cada pessoa. Com essa vivência precoce, essas crianças terão um olhar mais apurado.

    Ana Paula teve a sensibilidade de perceber tal circunstância e gerar expectativas como se espera de um bom educador. E, também, como arquiteta e urbanista, mostrar sua preocupação com o desenvolvimento urbano das cidades.

    Passado, presente e futuro são partes indissociáveis dos diferentes espaços urbanos. Ao escolher o Rio como tema deste livro, não teve receio de encarar o desafio de trabalhar com uma cidade complexa e repleta de referências de épocas passadas.

    Seu mérito maior foi adotar uma linguagem simples, atraente e capaz de estimular a criança a ler o livro e absorver prazerosamente os conhecimentos através dele transmitidos. Mérito de quem acredita na sagacidade infantil dos tempos atuais.

    Por esses predicados não tenho dúvida de que o sucesso deste livro será a melhor forma de reconhecer o trabalho consistente da autora.

— ***Luiz Fernando Janot***
Arquiteto e urbanista

Trabalho em equipe é tudo.

Sem a participação de muitos amigos, *Rio desde o início: a evolução urbana da cidade para quem (ainda) não é urbanista* seria apenas mais um sonho meu.

Agradeço, com emoção, a todos os que se envolveram na aventura de transformar este projeto em realidade. Contribuições valiosas e uma intensa troca de ideias tornaram o processo de fechamento deste livro repleto de momentos felizes.

Agradeço ao professor Sérgio Magalhães, que muito influenciou minhas escolhas acadêmicas e profissionais e, com generosidade, aceitou escrever a contracapa. Que honra tê-lo presente neste projeto.

Ao querido professor Luiz Fernando Janot, que entende as cidades como poucos e possui um olhar doce e, ao mesmo tempo, crítico em relação aos espaços urbanos. Que alegria ter a Apresentação deste livro escrita por ele.

À professora Cristiane Rosa de Siqueira Duarte, que, desde meus tempos na FAU-UFRJ, é uma inspiração para mim. Um privilégio tê-la na minha vida e poder contar com sua mensagem aos pais e educadores.

À Silvana e à Paula da Arte Ensaio Editora por embarcarem comigo na missão de contar e valorizar a história da nossa cidade.

As lindas e queridas Ornella Savini e Laura de Siqueira Duarte que com doçura e sensibilidade ilustraram o livro retratando de forma lúdica e alegre espaços e personagens reais.

E agradeço aos cachorros. Aos meus e a todos os outros, por nos lembrarem constantemente da criança que vive em cada um de nós.

Sorte na vida é ter tanta gente querida por perto.

Helena e Isabel encontrando Nuno no Aeroporto Santos Dumont

Finalmente férias de verão!

Nuno vai para o Rio de Janeiro, onde mora grande parte de sua família. Ele está tão feliz que mal pode esperar para passar um tempo junto com os avós, tios e primos.

O menino vive em Porto Alegre, capital do Rio Grande Sul, e adora a sua cidade, mas morar longe da família nem sempre é divertido. Algumas vezes, a saudade fica forte demais e dá até uma dorzinha no peito.

Nas férias, além de rever familiares, Nuno pode aproveitar o Rio, passeando e se divertindo com as primas Helena e Isabel. Juntos, eles fazem passeios incríveis. Elas são muito animadas, adoram sair pela cidade e, dessa vez, prepararam uma grande surpresa para o verão. Por isso, assim que os primos se encontraram, Helena, ansiosa, anunciou a novidade:

— Nuno! Vamos conhecer o Rio desde o início! — disse, mostrando para o primo que acabara de chegar o caderno onde anotara sua pesquisa para desvendar a Cidade Maravilhosa.

— Que saudade, primas! Conhecer o Rio desde o início? E como vai ser isso? — quis saber Nuno.

— A gente vai sair por aí a pé, andando por toda a cidade —detalhou Isabel, prática que só.

Descobrir como se formou e se transformou a cidade ao longo dos anos não é tarefa simples, mas certamente pode ser bastante divertido.

As primas já haviam preparado as mochilas, os mapas e os lanches. Ninguém queria perder tempo. No grupo, além das crianças, estava Guri, o cachorro mais louco e mais querido que existe. Guri tem o pelo cinza e até parece uma nuvem de chuva, mas, por onde passa, todos ficam felizes.

Quando Guri viu Nuno, disparou. Esticou a guia e começou a dar voltas nas pernas dos primos até ficar a maior confusão.

— Para, Guri! — os meninos gritaram, morrendo de rir.

Guri é um cachorro especial. Foi resgatado das ruas pelo avô das crianças. Ganhou uma família e muito amor. É feliz e cheio de energia. Só tem uma mania irritante: adora roubar o lanche dos outros.

Como viveu parte de sua vida nas ruas, Guri aprendeu muito sobre a cidade e conhece bem seus mistérios. Vai ser ótimo tê-lo por perto.

— Calma, Guri, tem muita história mesmo para a gente descobrir — recomendou Isabel, tentando conter a agitação do cão, que latia sem parar.

Igreja de Nossa Senhora da Candelária

Rio no início

O Rio sempre foi lindo. Os indígenas já estavam aqui muito antes da chegada dos franceses e dos portugueses, e tudo era bem diferente do que vemos hoje.

— A natureza dominava a paisagem — explicou Helena.

Além do mar e das montanhas que cercam a cidade até hoje, havia muitos rios, lagoas e áreas alagadiças, e os habitantes, os indígenas, viviam em harmonia com o meio ambiente.

— Foram eles que deram o nome de **Carioca** a um dos nossos rios mais importantes. O rio Carioca oferecia água e peixes aos indígenas — continuou Helena, explicando que o rio nasce na Floresta da Tijuca e atravessa os atuais bairros do Cosme Velho, Laranjeiras, Catete e Flamengo até encontrar o mar na praia do Flamengo, que antigamente se chamava praia de Uruçu-Mirim.

— *Cari*, em tupi-guarani, a língua usada pelos indígenas que viviam na nossa região, significa "branco" e era como chamavam o peixe mais comum do rio. Hoje esse peixe é conhecido como "cascudo". E *Oca* significa "casa". Então, juntando *cari + oca*, temos *carioca*, que quer dizer "casa do cari" — ensinou Isabel.

— Existem outras histórias para a origem do termo "carioca", mas essa é a minha preferida — observou Helena.

— Guri também é tupi? — quis saber o cachorro, empolgado com a rima.

— Não. Guri é "gauchês" — responderam as crianças rindo, enquanto explicavam que "guri" é uma palavra muito usada pelos gaúchos que significa "menino".

O **Rio, desde o início**, mantinha uma relação muito forte com o mar. Foi pelo mar que chegaram os portugueses e, a partir daí, as coisas mudaram muito: para os indígenas e para a natureza.

— O primeiro português que desembarcou aqui foi Gaspar de Lemos. Ele chegou no dia 1º de janeiro de 1502 — contou Helena.

— O nome que a cidade ganhou depois é porque ele chegou no mês de janeiro? — perguntou Nuno.

— Sim. E ele chamou de "rio" porque os portugueses chamam de "ria" os canais ou braços do mar — complementou Isabel depois de espiar as anotações de Helena.

— Juntando tudo, virou Rio de Janeiro! — resumiu Guri.

Outros portugueses, como Fernão de Magalhães e Martim Afonso, vieram também. Eles visitaram o local que viria a ser a cidade do Rio de Janeiro, fizeram um reconhecimento e foram logo embora.

Mais tarde, em 1555, foram os franceses que aportaram por aqui. O comandante Villegagnon gostou do que viu, resolveu ficar e, para evitar problemas, tratou de ficar amigo dos indígenas.

Chegada de Villegagnon

Naquela época, o Brasil era uma Colônia portuguesa. Mem de Sá, o governador-geral, ficou sabendo que os franceses estavam instalados e bem felizes aqui e veio de Salvador, que era a capital da Colônia, para acabar com a alegria deles.

Houve uma batalha e os franceses foram obrigados a deixar a sua base. Mas, em vez de irem embora, eles se espalharam pelas terras cariocas. Junto com os Tamoios, ocuparam a Ilha do Governador, que era conhecida como Ilha de Paranapuã, e a Colina de Uruçu-Mirim, onde hoje se localiza a linda Igreja de Nossa Senhora da Glória do Outeiro.

— Então o nome Ilha do Governador é em homenagem a Mem de Sá! — concluiu Nuno.

— Em Portugal, não gostaram nadinha de saber que os franceses continuavam por aqui — avisou Isabel.

— Pois é. E por isso Portugal resolveu partir para a briga e mandou que a nossa cidade fosse conquistada de uma vez por todas — emendou Helena.

Em 1º de março de 1565, **Estácio de Sá** chegou com a missão de expulsar definitivamente os franceses. Ele era esperto e se preparou para o combate.

— Primeiro, ele desembarcou em segurança junto à entrada da Baía de Guanabara e construiu, na encosta do Morro Cara de Cão, um arraial fortificado — explicou Helena.

— Deram o nome ao morro em homenagem a mim! — concluiu Guri bem feliz.

— Você nem tinha nascido, Guri. Não inventa — falou Isabel, rindo.

— O arraial era um lugar improvisado pelos portugueses, mas foi importante para a futura cidade do Rio de Janeiro. Ainda podemos ver restos das antigas muralhas da Fortaleza de São João na encosta do morro — completou Helena.

O Rio de Janeiro, mesmo antes de conquistado, foi oficialmente fundado pelos portugueses, aos pés do Morro Cara de Cão, no dia em que Estácio de Sá chegou aqui. Por isso até hoje comemoramos o aniversário da cidade no dia **1º de março**.

Fortaleza de São João

Para conquistar a terra carioca, os portugueses também fizeram amizade com os indígenas. Junto com os Temiminós, comandados pelo cacique Arariboia, eles começaram uma enorme batalha para expulsar os franceses.

Estácio de Sá e os Temiminós estavam quase sendo derrotados quando Mem de Sá voltou para ajudar.

— Vamos para o Museu Naval. Lá tem tudo sobre os galeões e as caravelas, que eram os navios da época — Nuno, muito animado, sugeriu.

No museu, as crianças aprenderam que, no dia 20 de janeiro de 1567, depois de dois anos de batalha, houve uma grande luta na praia de Uruçu-Mirim. Diz a lenda que nesse dia um homem apareceu para defender os portugueses. Seu corpo era iluminado e flechas e tiros não o feriam: era **São Sebastião**, que acabou escolhido como padroeiro da cidade.

— Os portugueses, junto com os Temiminós e, segundo a lenda, São Sebastião, venceram a batalha, e a cidade, tempos depois, passou a se chamar São Sebastião do Rio de Janeiro — contou Guri.

Nuno, Helena e Isabel se olharam, quase sem acreditar naquela história. Se deram conta de que os indígenas, habitantes originais da nossa terra, aliaram-se a estrangeiros que brigavam entre si para defender uma terra que sempre foi deles e acabaram ficando sem nada.

Tamoios, São Sebastião, Arariboia e Temiminós

Com a terra dominada, os portugueses passaram a organizar o que viria a ser nossa cidade.

O arraial construído às pressas no Morro Cara de Cão foi transferido para o **Morro do Castelo**, e ali a cidade começou a tomar forma. O local oferecia uma ótima vista da entrada da Baía de Guanabara. De lá era fácil ver se algum navio suspeito estava se aproximando e preparar a defesa a tempo, se fosse necessário.

Bem no alto do Morro do Castelo, foram construídos o Armazém do Rei, a Casa de Câmara e Cadeia, a casa dos Jesuítas e a Igreja de São Sebastião — os edifícios mais importantes da época.

O acesso era feito pela Ladeira da Misericórdia, que ganhou esse nome porque ali ficava a Capelinha da Misericórdia.

— Vamos! Rápido! — gritou Nuno, subindo a ladeira atrás de Guri.

— Oba! Corrida! — entusiasmaram-se as meninas.

— Guri sempre é o primeiro a chegar — queixaram-se os primos, acostumados a perder as corridas para o cão.

— O Morro do Castelo não existe mais, mas visitar a ladeira e estar no local onde a cidade nasceu é um passeio incrível — concordaram todos.

Ladeira da Misericórdia

O pau-brasil, o mais importante produto comercial do Brasil, era levado para Portugal pelo que viria a ser o Porto do Rio.

A cidade estava começando a crescer e tudo ia bem, até que os portugueses que viviam aqui se encantaram com a ideia de enriquecer com a cana-de-açúcar.

A cana não estava na natureza, pronta para ser aproveitada. Precisava ser plantada, cortada e colhida, e extrair a garapa para produzir o açúcar dava muito trabalho. Mas os portugueses, apesar de interessados nos lucros que teriam com a venda do açúcar, não estavam dispostos a trabalhar tanto e tiveram a péssima ideia de obrigar outras pessoas a trabalhar por eles.

Guri se entristeceu. Lembrou-se do tempo em que vivia nas ruas e era maltratado por pessoas sem nenhuma noção dos direitos do outro, fosse este outro um humano ou um animal.

Homens e mulheres foram capturados e trazidos à força da África para trabalhar como escravizados. Hoje isso é inaceitável, mas, naquela época, mesmo sendo terrível, fazia parte da realidade no Brasil e em outras partes do mundo.

Fazenda de cana-de-açúcar

As pessoas escravizadas chegavam pelo **Cais do Valongo** e de lá iam para as fazendas e os engenhos de açúcar, afastados do Morro do Castelo. O Engenho do Rei e o Engenho do Velho foram os primeiros. Depois surgiram o Engenho Novo, o Engenho de Dentro, o de Inhaúma, o da Rainha, o da Taquara e as fazendas do Capão do Bispo e de Santa Cruz.

— Quer dizer que os bairros que hoje têm esses nomes eram antigos engenhos? — concluiu Nuno.

— Exatamente — concordou Helena. — Foi assim que a cidade se espalhou. Os caminhos até essas fazendas e esses engenhos foram as nossas primeiras estradas.

— Nossos antepassados africanos construíram muito do que serviu de base para a cidade — disse Nuno.

— Sim — continuou Helena. — A Pedra do Sal conta parte da história das nossas raízes africanas e por isso é um lugar especial. Fica bem perto de onde era o Cais do Valongo e tem esse nome porque o sal era descarregado ali. Já foi conhecido como Quebra-Bunda, porque muita gente escorregava e caía de bumbum no chão quando descia.

— Isso mesmo. É um local de construção da nossa identidade e da nossa cultura — completou Isabel, correndo para escorregar na pedra.

Cais do Valongo

Mapa das igrejas

Em cada engenho havia uma capela. Afinal, apesar das maldades com os escravizados, os portugueses eram muito religiosos.

— Vai entender... — disse Isabel.

Assim foram construídas as primeiras igrejas afastadas do Morro do Castelo: Nossa Senhora da Cabeça, Nossa Senhora da Conceição, Nossa Senhora da Peña, Nossa Senhora dos Remédios, Nossa Senhora do Amarante, Nossa Senhora de Montserrat. São lindas e podem ser visitadas até hoje.

— Nossa Senhora! É muita Nossa Senhora, né? — comentou Isabel.

— Bahhhhhh! Vamos conhecer? — sugeriu Nuno, ansioso.

— Sim! — gritaram todos.

As igrejas não eram apenas espaços para a religiosidade, mas também pontos de encontro da população. Elas ajudavam a organizar a cidade, servindo como referência para a localização e a identificação. Afinal, as pessoas indicavam as igrejas para explicar onde moravam e trabalhavam, aonde ir e que caminho tomar e ainda para dizer a qual paróquia pertenciam.

Os jesuítas fundaram a **Fazenda Santa Cruz**, que deu origem ao bairro… Santa Cruz.

Eles construíram a igreja, o convento, criaram hortas, oficinas, fizeram escola, biblioteca e até um hospital.

A fazenda possuía ótima infraestrutura, coisa rara na cidade. Havia canais e represas para controlar as frequentes inundações dos rios e até uma ponte: a Ponte do Guandu, erguida em 1752. Uma das obras de mais destaque dos jesuítas na região e que existe até hoje.

— Procurando bem, vamos encontrar uma frase em latim talhada numa pedra — revelou Helena.

Guri havia passado dezenas de vezes por ali e sabe onde fica a frase, mas, apesar de latir muito bem, não sabe latim, que, além de ser uma língua antiga, é bem complicada. Por isso Guri nunca entendeu o significado da frase.

— O vovô sabe latim e pode nos ajudar — lembrou Nuno.

Os primos ligaram para o avô, que, rapidinho, resolveu o mistério da frase desconhecida, escrita logo abaixo do nome de "Jesus Cristo": "Dobra teu joelho perante tão grande nome como se dobra o rio com sua água em movimento."

— Vovô é mesmo incrível! — concordaram as crianças e Guri, orgulhosos.

Ponte do Guandu

Praça XV de Novembro

A cidade estava crescendo e muita gente passou a querer viver no Rio. Tanta gente que o Morro do Castelo ficou pequeno.

— Por isso, no início do século XVII, as áreas no entorno do morro começaram a ser ocupadas — contou Isabel.

A **Rua Direita** ligava o Morro do Castelo ao Morro de São Bento. O caminho ia costeando o mar e era o mais importante da cidade. A rua ainda existe, mas mudou de nome: agora ela se chama Primeiro de Março. Continua movimentada, mas, devido aos aterros, não fica mais à beira-mar.

O Rio de Janeiro cresceu muito e se tornou uma pequena cidade colonial.

A cana-de-açúcar, comercializada pelo mar, era a maior fonte de recursos da cidade, mas não havia controle sobre a quantidade de mercadoria que saía pelo porto. Por isso, por volta de 1640, o governo português construiu uma praça junto ao local de embarque da cana e lá instalou um armazém. Para controlar melhor o que saía, e cobrar impostos de quem vendia nossa cana para a Europa, foram para lá também a Casa de Fazer Moedas do Rei, a Casa de Câmara e Cadeia e o Pelourinho.

O espaço, que foi nossa primeira praça, ganhou o nome de Largo do Carmo, mas também era conhecido como Terreiro do Carmo. Atualmente seu nome é **Praça XV de Novembro**.

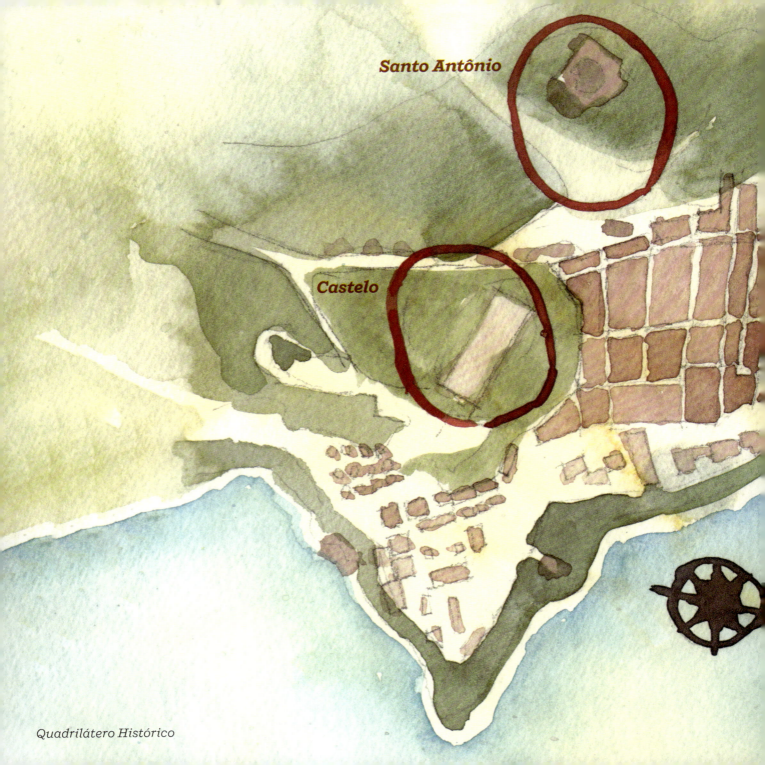

Quadrilátero Histórico

A cidade organizou-se entre quatro morros: Castelo, São Bento, Santo Antônio e Conceição.

Juntos, eles formavam o **Quadrilátero Histórico**!

Entre os morros, ficava o Centro da cidade de São Sebastião do Rio de Janeiro e, bem no alto de cada um deles, havia uma igreja.

A cidade estava ficando cada vez melhor e, quando tudo estava calmo, os franceses voltaram.

Em 1710, comandados por Jean-François Duclerc, eles entraram discretamente pela região da Baía de Sepetiba e caminharam pelas matas até o Centro. Tinham a vantagem do ataque-surpresa, mas eles é que ficaram surpresos ao serem derrotados por estudantes e professores do Colégio dos Jesuítas e pela população.

Mesmo derrotados, os franceses não desistiram e, no ano seguinte, voltaram com mais homens.

O então governador da cidade deu uma ordem inesperada: a população não deveria resistir. A cidade foi facilmente dominada. Depois de muitas negociações os franceses receberam do governador um enorme tesouro, em bois e caixas de açúcar e deixaram a cidade felizes e ricos.

— Estranha essa história... — falou, Isabel, desconfiada.

Todos concordaram, imaginando que ou o governador era meio maluquinho, ou estava levando alguma vantagem que não deveria.

— Será que esse foi o primeiro dos governadores com ideias suspeitas que tivemos? — perguntou Guri, pensando em vários outros que assumiram o cargo depois.

Invasão francesa

A população havia crescido e, com tanta gente morando no Rio, faltava água.

O governador da época, Aires Saldanha, viu que a situação estava realmente ruim e mandou construir um aqueduto para que a água do rio Carioca descesse do Morro Santa Teresa até o Centro. Um chafariz com 16 bicas distribuía a água para a população, que a levava para casa em jarros e outros recipientes. O local onde o chafariz foi construído recebeu seu nome em homenagem ao rio: **Largo da Carioca**.

Antigo Chafariz do Largo da Carioca

Arcos da Lapa

O governador seguinte, o Conde de Bobadela, apesar do título, de bobo não tinha nada. Ele foi o responsável por muitas obras que melhoraram a vida dos cariocas.

Ele mandou reformar o Aqueduto da Carioca — conhecido como **Arcos da Lapa** —, que ficou mais eficiente e mais bonito.

— Aqueduto é um tipo de canal que serve para levar água de um ponto a outro. Normalmente é construído sobre arcadas — explicou Nuno.

— Sabendo que o lugar se chama Lapa, fica fácil descobrir por que ganhou o nome que tem até hoje: Arcos da Lapa — concluiu Helena.

O Conde de Bobadela também mandou construir o Convento de Santa Teresa e a imponente Casa dos Governadores. Obras importantíssimas na história da cidade.

— Nada Bobadela esse conde — brincou Isabel.

Mapa das áreas alagadas e aterros

O Rio tinha muitas **lagoas e áreas alagadas**, e a cidade cresceu sobre elas.

— O Largo da Lapa está sobre a antiga Lagoa do Desterro; o Passeio Público, sobre a Lagoa do Boqueirão; o Largo de São Francisco, sobre a Lagoa da Pavuna; e o Largo da Carioca sobre a Lagoa de Santo Antônio — listou Guri, que conhece bem a região.

Em 1750 as áreas alagadas atrapalhavam muito o crescimento da cidade.

Para amenizar o problema, foi construída uma vala para o escoamento da Lagoa de Santo Antônio até a Prainha, atual Praça Mauá. Mas logo a população começou a ocupar a região e a vala mais atrapalhou que ajudou. Então, resolveram cobri-la com lajes de pedra.

As lajes formaram um dos caminhos mais usados do Centro: a **Rua Uruguaiana**.

— Quer dizer que, quando andamos pela Rua Uruguaiana, estamos fazendo o mesmo caminho da vala fechada há quase 300 anos? — deduziu Nuno, empolgado com a descoberta.

— Sim. É por isso que antes ela se chamava Rua da Vala — finalizou Isabel, já correndo para lá.

A descoberta de ouro e pedras preciosas em Minas Gerais gerou um enorme alvoroço. Navios portugueses e também navios piratas apareceram, querendo levar parte das nossas riquezas.

A Coroa portuguesa resolveu que o nosso porto controlaria toda a saída de produtos do Brasil. Assim seria mais fácil cobrar impostos e diminuir contrabandos.

Por isso a **capital da Colônia e do Vice-Reinado de Portugal**, que, até 1763 era Salvador, passou a ser o Rio de Janeiro.

— Mas nosso porto estava preparado para tanto movimento? — perguntou Nuno.

— Não mesmo — respondeu Helena, explicando que o porto teve que passar por melhorias para conseguir dar conta da tarefa.

Praça XV no século XVIII

Com o dinheiro dos impostos sobre as riquezas, o Rio ganhou muitas obras de infraestrutura.

O primeiro passeio público foi criado em frente ao mar; fortalezas antigas ganharam reforço; e várias ruas foram abertas ou melhoradas.

— A mais importante, a Rua do Piolho, depois das melhorias passou a se chamar Rua da Carioca — contou Guri, que simpatizava com o nome antigo.

O chafariz e o Passeio Público foram projetados por **Mestre Valentim**, um dos mais respeitados artistas brasileiros do século XVIII.

— Eles ainda existem e podem ser visitados! — comemoraram os quatro.

Com tantos investimentos, o Rio passou a ser a principal cidade colonial portuguesa, e o porto do Largo do Carmo o mais movimentado do Brasil.

— A Casa dos Governadores, local de moradia e trabalho dos governantes, mudou de nome algumas vezes. Foi Paço dos Vice-Reis e, em 1808, com a vinda da família real, passou a ser Paço Real, até que, em 1822, tornou-se **Paço Imperial** — contou Helena.

— É o mais antigo palácio do Brasil. E nós estivemos lá! — vibrou Nuno.

Chafariz do Mestre Valentim

Casa com PR na fachada

O Rio, a maior e mais importante cidade da Colônia, ainda tinha muitos problemas. As casas eram simples e coladas umas nas outras; e as ruas, de pedras, estavam sempre cheias de lama, além de mal iluminadas por lampiões que queimavam óleo de baleia.

Foi nesse Rio de Janeiro precário que, em **1808**, chegou Dom João, acompanhado de sua Corte.

Como estavam fugindo das tropas de Napoleão, vieram às pressas e não houve tempo de preparar a cidade, que não tinha condições para receber tanta gente.

— Dizem que somando a família real, os integrantes da Corte e seus muitos amigos, cerca de 15 mil pessoas desembarcaram aqui. E a cidade mal dava conta de resolver as necessidades de seus habitantes — relatou Isabel.

Não havia nem casas para toda essa gente morar.

— A solução foi obrigar os moradores a "ceder" suas casas. Nas fachadas das casas em melhores condições, pintavam as letras PR, indicando que seriam ocupadas por membros da Corte do Príncipe Regente, mas a população logo apelidou a sigla de "Ponha-se na Rua" porque, na verdade, os moradores estavam sendo expulsos — explicou Guri, triste por saber muito bem como é ruim não ter onde morar.

A Corte portuguesa trouxe grandes mudanças para o Rio, e a maior parte delas foi para melhor.

Até então, não era permitido que o Brasil mantivesse relações comerciais com nenhuma outra região do mundo. Quer dizer, não podíamos comprar nada de ninguém nem vender nada para ninguém.

Com a Corte vivendo no Rio, os portos foram abertos para o comércio e, de uma hora para outra, a cidade virou um grande centro comercial.

Navios de diferentes locais chegavam e saíam. Comerciantes da França e da Inglaterra traziam tecidos, sapatos, doces, biscoitos, enfeites, joias e muito mais do que se podia imaginar na época.

Por isso tudo, em 1815, o Rio de Janeiro foi promovido a **Capital do Reino Português**.

Mas as mudanças não se limitaram ao consumo.

Dom João contratou botânicos, biólogos, zoólogos e muitos outros pesquisadores para estudar e conhecer melhor nossa cidade e também outras regiões do Brasil. Eles faziam parte da **Missão Austro-Bávara**.

E arquitetos e artistas também foram chamados. Eles integravam a **Missão Francesa**, que veio em 1816 para retratar e embelezar o Rio.

— Dessa vez os franceses vieram como convidados e fizeram um ótimo trabalho — observou Guri.

Missão Francesa

Quinta da Boa Vista

Após a chegada da Corte, um comerciante chamado Elias, para agradar a Dom João, resolveu presenteá-lo com sua casa de campo ou, como chamam os portugueses, a sua "quinta". O rei transformou a casa na residência da família real e, como da quinta se enxergava longe, ela ganhou o nome de **Quinta da Boa Vista**.

Muito tempo depois, a casa existente na Quinta abrigou um dos mais importantes museus do mundo.

— O Museu Nacional! — gritaram as crianças, emocionadas.

Elas haviam passado tardes incríveis visitando o acervo, que inclui até múmias, e fazendo deliciosos piqueniques nos jardins.

Para tristeza profunda de todos os que se preocupam em preservar a história e a cultura, o Museu Nacional sofreu um gigantesco incêndio em 2018. Muito do seu acervo foi queimado. Atualmente pesquisadores e professores estão trabalhando para recuperar itens que contam a nossa história, que é o nosso maior tesouro, e logo logo o museu será reinaugurado.

— Mas a Quinta da Boa Vista não ficava muito longe do Centro? — perguntou Nuno, intrigado.

— Muuuito — respondeu Helena. — Por isso tiveram que construir uma estrada, ou *caminho*, como chamavam. E esse caminho passava pela área onde agora está o Campo de Santana, aquele parque cheio de cotias, lembram?

Guri latiu feliz. Correr atrás das cotias é um de seus programas preferidos.

— O caminho, conhecido como "Das Lanternas", ficava onde hoje está a **Avenida Presidente Vargas** — indicou Isabel.

A avenida, inaugurada em 1944, continua sendo uma das mais movimentadas da cidade.

— Para a sua abertura, mais de 500 imóveis foram demolidos. Felizmente, a Igreja da Candelária, que foi inaugurada parcialmente em 1811, foi preservada e ficou num lugar de absoluto destaque: bem no meio da avenida — comentou Helena.

— Que legal saber isso tudo e imaginar que nem sempre a igreja esteve assim, "solta", no meio da avenida — disse Nuno, satisfeito.

Avenida Presidente Vargas

A casa original e seus muitos enfeites

O Rio, no início do século XIX, havia crescido muito além do Quadrilátero Histórico.

A cidade se expandiu para lá do Campo de Santana, seguindo o caminho da Quinta, e muitas das áreas alagadas que existiam por ali foram aterradas.

Cresceu e ficou mais bonita.

Obras marcantes são dessa época: a Real Academia Militar, que atualmente abriga o Instituto de Filosofia e Ciências Sociais da UFRJ; o Museu Real; o Edifício da Alfândega, que abriga a Casa França-Brasil; a Academia Imperial de Belas Artes, que, infelizmente, foi demolida, mas cujo pórtico foi preservado e está no Jardim Botânico; e o próprio Jardim Botânico.

Com a onda de embelezamento, muita gente sentiu vontade de deixar sua casa mais bonita também. Como o estilo preferido da época era o neoclássico, muitos acabaram "fantasiando" suas casas com ornamentos, como a platibanda, e "enfeites" nas portas, nas janelas e espalhados pela fachada.

— Tem gente que acha que está enfeitando, mas acaba enfeando — avaliou Isabel.

— A ideia de "fantasiar" as construções é antiga, algumas até ficam bonitas, mas acabam parecendo ser o que não são... — analisou Nuno.

Senhor Joel e a turminha na Saara

As ruas Buenos Aires, Senhor dos Passos e da Alfândega fazem parte da **Saara** — Sociedade de Amigos das Adjacências da Rua da Alfândega. Uma das regiões de comércio mais movimentadas da cidade.

Atualmente, as construções são inteiramente ocupadas por lojas, mas, no início, o comércio ocupava apenas o térreo e os comerciantes moravam nos andares superiores.

A vocação da região para o comércio é antiga e foi preservada. As casas são lindas e, como estão quase todas lá, podemos ver o conjunto e imaginar exatamente como eram aquelas ruas.

— Vamos! Com sorte encontramos o senhor Joel por lá. Quando eu vivia nas ruas, ele sempre me dava água e comida — animou-se Guri, com os olhinhos brilhando.

O senhor Joel é um dos comerciantes mais antigos da Saara. Como muitos outros, sempre lutou pela preservação do casario e para tornar o local seguro e agradável. De origem síria, trabalhou durante toda a vida, sem nunca deixar de se preocupar com a valorização da nossa história.

— Os imigrantes fizeram muito pela nossa cidade — resumiu Helena.

— Um viva para o senhor Joel e os trabalhadores da Saara! — gritaram as crianças, e Guri latiu feliz.

Dom João se esforçou para fazer do Brasil um novo Portugal.

Ele foi o responsável pela criação da Biblioteca Real, do Banco do Brasil, da Imprensa Régia e de muitas outras instituições que não existiam por aqui e que foram fundamentais para a nossa sociedade funcionar melhor.

Com tantos investimentos, a vida das pessoas melhorou e até hoje podemos desfrutar algumas das suas obras, como o **Real Gabinete Português de Leitura**, que, além de ser uma das bibliotecas mais lindas do mundo, guarda inúmeros tesouros.

— O maior acervo de obras portuguesas fora de Portugal está lá, né? — Nuno perguntou, já desconfiado.

— Sim — responderam Helena e Isabel ao mesmo tempo.

O edifício, de 1887, tem o estilo arquitetônico "manuelino", com formas muito trabalhadas e nome que homenageia Dom Manuel, rei de Portugal na época dos Descobrimentos.

— Na fachada tem estátuas de Pedro Álvares Cabral, Luís de Camões, Infante Dom Henrique e Vasco da Gama. Quem consegue encontrar? — desafiou Isabel.

Real Gabinete Português de Leitura

A confusão estava grande em Portugal e, em 1821, Dom João precisou voltar para garantir seu trono. Quem assumiu a Coroa no Brasil foi seu filho, que, no ano seguinte, foi aclamado imperador no **Campo de Santana** e passou a ser chamado de Dom Pedro I.

Mas Dom Pedro I ficou pouco tempo como imperador. Em 1831 embarcou para Portugal e também deixou seu filho para governar. O único problema é que o filho tinha apenas 5 anos na ocasião.

O menino cresceu admirando as ciências, as artes e a educação e, em 1840, aos 14 anos, foi coroado imperador, ganhando o título de Dom Pedro II.

Ele foi responsável pela implantação de inúmeras novidades na cidade: redes de esgoto e abastecimento de água, iluminação pública, linhas de bonde e de trem, telégrafo, os primeiros telefones e outras obras que modernizaram o Rio.

Dom Pedro II

A parte mais densamente ocupada da cidade, aquela com mais gente e maior quantidade de construções, permanecia sendo a área central.

Na Zona Sul, havia apenas chácaras, e nas zonas Norte e Oeste concentravam-se grandes fazendas com plantações. O cultivo de frutas tropicais era importante, mas, durante o século XIX, o café foi o principal produto cultivado no Rio.

As plantações chegaram à **Floresta da Tijuca**, que se transformou num imenso cafezal.

Como acontece hoje, alguns pensavam mais nos lucros do que no bem-estar e na preservação da natureza e destruíram a floresta para plantar mudas de café.

— Péssima ideia — reclamaram as crianças.
— Felizmente, naquela época, tínhamos um governante que se importava com o meio ambiente e, em 1860, Dom Pedro II ordenou que replantassem a floresta. Foi o primeiro reflorestamento do Brasil — contou Guri, sorridente.

Floresta da Tijuca

Praça Mauá

A primeira estrada de ferro do Brasil foi inaugurada em 1854 por Dom Pedro II.

Depois dela, muitas outras vieram, diminuindo distâncias e facilitando o transporte de mercadorias e de passageiros.

— Em 1885 foi a vez do trenzinho do Corcovado. Vocês acreditam que muito antes de o Cristo Redentor ser inaugurado ele já existia? — perguntou Helena, lembrando que a estátua só foi construída em 1931.

— E nessa época também teve início a produção de gás no Brasil — comemorou Isabel. — A primeira fábrica foi inaugurada e, com o gás, as ruas do Centro ficaram mais bem iluminadas.

O responsável por esses e outros empreendimentos foi o Barão de Mauá: seu nome era Irineu Evangelista de Souza, e ele contribuiu muito para o desenvolvimento do Brasil no século XIX.

— Já sei: a **Praça Mauá** tem esse nome em homenagem a ele! — concluiu Nuno, feliz por estar juntando as peças da história, como num quebra-cabeça.

Bonde

O trem e as linhas de bonde movimentaram a vida na cidade.

Como já era possível locomover-se com agilidade, começaram a surgir loteamentos distantes do Centro. Na Zona Norte, os lotes eram pequenos e de menor valor, mas, na Zona Sul, os terrenos eram grandes e mais caros.

— Muita coisa pode interferir nas características de um lugar — comentou Helena, fazendo todos pensarem em como se organizou a cidade e que nada é por acaso.

A primeira linha de bonde ia da Rua do Ouvidor, no Centro, até o Largo do Machado, e começou a funcionar em 1868. Em 1872, o bonde chegou até a Gávea e, em 1873, até Vila Isabel. Em 1892, o bonde chegou até Copacabana e, a partir daí, a cidade ganhou muitas outras linhas.

— **Como eram as casas das pessoas?** — quis saber Nuno.

— Depende. Havia as pessoas que moravam em casarões lindos, conhecidos como solares, em sobrados, em casas de porão alto, em casas de vila... E quem não tinha opção morava nos cortiços, casas em que se alugavam cômodos. Cada quarto servia de casa para uma família inteira e todas as famílias que viviam ali dividiam o mesmo banheiro e a mesma cozinha — explicou Helena.

— Ou nas favelas — completou Isabel.

— A desigualdade não vem de hoje — lamentou Guri, lembrando que, quando poucos têm muito, muitos têm pouco.

A cidade havia crescido para valer. Além do Centro, São Cristóvão, Botafogo e Copacabana já eram bairros consolidados. E Botafogo era o bairro onde, em geral, moravam os mais ricos.

— A Casa de Rui Barbosa é dessa época — citou Helena, lembrando que a antiga residência do escritor hoje abriga o museu e a Fundação Rui Barbosa. — No museu podemos ver como ele vivia e como, além de grande e muito bonita, a casa tinha modernidades impressionantes para a época: claraboias para iluminação natural, água encanada quente e fria, elevador de carga e até um porta-toalhas térmico.

Tipologias das casas

Na área central, os terrenos eram pequenos e estreitos. Tinham entre cinco e sete metros de frente e, como as construções ocupavam todo o lote, não tinham boa ventilação.

Quando o Centro se tornou um bairro nobre, muitos quiseram investir. Então as casas, que em geral eram de dois pavimentos, cresceram: umas para cima, ganhando mais um, dois ou até três andares; outras puderam crescer para os lados, com a compra de lotes vizinhos. Houve também as que foram demolidas para serem substituídas por construções mais modernas e imponentes.

A gente piscou e, quando viu, o Centro tinha se transformado em um lugar diferente.

A **indústria brasileira** se desenvolvia e muitas fábricas se instalaram na cidade. Como precisavam de grandes áreas, buscavam bairros afastados e ainda em formação, porque lá os terrenos disponíveis eram maiores.

O edifício da Fábrica Confiança, fundada em 1885 em Vila Isabel, continua de pé e atualmente é ocupado por um hipermercado. A Fábrica de Tecidos Bangu também não está mais em funcionamento, mas seu lindo edifício abriga um centro comercial.

Antiga fábrica Bangu

A cidade estava se modernizando e, em 1860, o **abastecimento de água** começou a mudar.

Primeiro, os escravizados levavam a água em recipientes dos rios até as casas das pessoas. Muitos anos depois foram construídos reservatórios em morros e bicas pela cidade. Os primeiros reservatórios foram os da Serra Carioca, do Morro do Inglês, do Morro do Pinto e da Quinta da Boa Vista.

Melhorou, mas não o suficiente.

Quando o Reservatório do Pedregulho passou a levar as águas do rio D'Ouro até as casas das pessoas foi uma grande evolução. A obra, que ainda existe, foi inaugurada por Dom Pedro II em 1880.

— Como as pessoas viviam sem ter água em casa? — perguntou Nuno.

— Infelizmente, ainda tem gente que vive assim, primo — lamentou Isabel. — Parecemos avançados, mas às vezes esquecemos que muita gente não tem nem o básico.

Reservatório Pedregulho

Com a Proclamação da República, em 1889, o Rio de Janeiro passou a ser a **capital da República**.

A cidade ficou ainda mais importante, mas ainda apresentava problemas. As epidemias de febre amarela, varíola, tuberculose e outras doenças foram terríveis.

— Foi a falta de saneamento que trouxe doenças? — quis saber Nuno.

— Também — respondeu Helena. — O fato é que os problemas eram enormes e pareciam não ter solução.

— Mas as pessoas precisavam fazer bem mais do que apenas lavar as mãos e ficar em casa — completou Isabel, pensando nos meses de isolamento social ao longo da pandemia de covid-19, em 2020 e 2021.

— O Centro estava lotado — prosseguiu Helena. — Pessoas doentes, muita sujeira e, para piorar, muita gente não acreditava que as doenças eram causadas por vírus e bactérias. Como eles não enxergavam os "bichinhos", achavam que não existiam de verdade. Por isso não levavam a sério os cuidados com a higiene e as recomendações dos especialistas em saúde.

Muitas pessoas não queriam ser vacinadas e houve até um movimento que ficou conhecido como Revolta da Vacina. Oswaldo Cruz, médico sanitarista, ajudou a resolver o problema coordenando a produção de vacinas e orientando as medidas de higiene. Até hoje a fundação que leva seu nome, a Fiocruz, fundada em 1900, desenvolve e produz vacinas que salvam milhões de vidas. Os governantes agiram rápido e, com um conjunto de ações, mudaram o Rio da época.

Casas sem iluminação, ventilação e saneamento

Plano de urbanização do prefeito Pereira Passos

O prefeito **Pereira Passos**, inspirado no plano de reformulação urbana da cidade de Paris, resolveu reformular o Rio também.

— Para ventilar melhor a área central e atacar os problemas de saúde pública, o prefeito mandou demolir parte da cidade antiga e abrir avenidas — contou Helena.

Entre 1902 e 1906, o Morro do Senado foi derrubado e a sua terra usada para aterrar áreas alagadas e parte do mar. Um novo cais foi construído e grandes avenidas foram abertas. O rio Carioca foi canalizado e até hoje um trecho corre embaixo da Rua das Laranjeiras.

A construção da Avenida Beira-Mar, o calçamento da orla em Copacabana e a abertura do Túnel do Leme também são desse período.

Uma das áreas aterradas foi o Saco de São Diogo, a enseada que recebia os rios Maracanã, Comprido, Trapicheiro e Joana. Muitos navios paravam ali para abastecer. Hoje, no lugar do Saco, está a Praça da Bandeira.

— Que difícil imaginar navios em plena Praça da Bandeira — exclamou Nuno, impressionado.

— Toda vez que chove eu imagino... — reagiu Isabel, pensando nas inundações, comuns no local.

Avenida Central

A Avenida Central, atual Avenida Rio Branco, era a mais importante do **Plano de Reformulação Urbana** da cidade. Para ser aberta, 585 sobrados tiveram de ser demolidos.

Em cada uma das suas pontas foi colocado um monumento.

Na ponta próxima à atual Cinelândia, um obelisco e, na outra, uma estátua do Visconde de Mauá. A estátua foi instalada na Praça Mauá, onde ficam o Museu de Arte do Rio (MAR) e o Museu do Amanhã.

A Avenida Central era a mais bonita do mundo, ou bem que poderia ser. As pessoas ficavam encantadas ao chegarem lá. As calçadas ganharam desenhos feitos em pedras portuguesas, o canteiro central foi arborizado com mudas de pau-brasil e até iluminação elétrica a avenida recebeu.

A Biblioteca Nacional, o Teatro Municipal, a Escola Nacional de Belas Artes, o Palácio Monroe, o Jornal do Brasil e a Galeria Cruzeiro localizavam-se na Avenida Rio Branco e até hoje podemos visitar alguns desses edifícios.

A cidade também ganhou mobiliário urbano novo: postes de iluminação, bancos e o relógio da Glória, além de pavimentação de asfalto e pisos de pedra portuguesa.

O **Pão de Açúcar** sempre foi um dos símbolos da cidade. O bondinho, que liga o Morro da Urca ao Pão de Açúcar, foi inaugurado em 1912 e logo se tornou sensação.

Quase 20 anos depois, em 12 de outubro de 1931, o **Cristo Redentor** veio para abençoar a cidade.

— Verdade que o Cristo Redentor tem um coração tão grande que é da minha altura? — perguntou Isabel, referindo-se ao coração que fica no peito da estátua.

— Sim, o coração, de pedra-sabão, tem 1,30m de altura. Igualzinho a você. E a estátua toda, com pedestal e tudo, tem 38 metros de altura, o tamanho de um prédio de 13 andares — ensinou Helena.

— Que privilégio ter dois lugares tão especiais numa cidade só — festejou Nuno.

— Verdade. E, além de linda, a cidade do Rio de Janeiro conta uma parte fundamental da história do nosso país — concordou Isabel.

Morro do Castelo no início da ocupação da cidade

O **Centenário da Independência**, em 1922, merecia comemorações e por isso resolveram fazer uma grande exposição internacional no Rio.

— Vocês acreditam que pensaram em demolir o Morro do Castelo para fazer um aterro? — provocou Helena.

— Não! Como assim? — espantaram-se os primos.

— Pensaram e fizeram. O morro foi derrubado e tudo o que havia nele foi junto. Apenas parte da Ladeira da Misericórdia ainda está lá — continuou Helena.

Destroços do Morro do Castelo

— Vamos para lá outra vez, porque agora me deu muita saudade do lugar onde a nossa cidade começou — pediu Isabel, de coração partido.

A área hoje é conhecida como Esplanada do Castelo e vai da Rua México até a Avenida Presidente Antônio Carlos.

A Academia Brasileira de Letras e o antigo Museu da Imagem e do Som foram construídos como pavilhões para a exposição.

Depois da demolição do Morro do Castelo, as mudanças foram ainda mais rápidas.

Na Praça Mauá, o edifício A Noite era impressionante. Inaugurado em 1929 abrigou a Rádio Nacional e o jornal *A Noite,* e, por algum tempo, foi o edifício mais alto da América do Sul.

O edifício foi um marco na arquitetura da cidade e ainda está lá. Não do jeito que merece estar, mas logo ganhará uma boa reforma e voltará a brilhar como antes.

Os primos adoram passear pelo Centro e comparar o que veem com fotos antigas. Nelas encontram uma cidade bem diferente da que conhecem.

— A cidade muda o tempo todo. A abertura da Avenida Presidente Vargas foi uma obra enorme e afetou o Campo de Santana, a Praça Onze e todo o seu entorno — ensinou Helena.

A Praça Onze é um lugar cheio de histórias, mas perdeu muito de seu espaço e de suas características originais. Grande parte da praça e das casas em seu entorno foi demolida em 1942 para a abertura da Avenida Presidente Vargas.

— Era um local que acolhia a todos: escravizados libertos, imigrantes portugueses, italianos e muitos judeus viviam ali. Tantos que, por um tempo, a região concentrou a maior comunidade judaica da cidade — contou Guri, que tinha muitos amigos na região e por isso conhecia bem o local.

— Então é por isso que o Grande Templo Israelita do Rio de Janeiro fica pertinho, na Praça Cruz Vermelha... — deduziu Nuno.

— Isso mesmo. Os judeus trabalharam muito e contribuíram enormemente para a história da nossa cidade! — concluiu Helena.

Edifício A Noite

Guri sempre frequentou essa parte da cidade pois era ali que ficava a Padaria São Bento, seu abrigo nos momentos mais difíceis.

A padaria não existe mais, mas é muito importante. Conta a história do português Manuel Gomes de Sá, um homem honesto e trabalhador. A história dele é como a de milhares de outros imigrantes que vieram de Portugal para o Brasil, fugindo da fome ou de condições muito ruins de vida. Eles tinham pouco mais do que a roupa do corpo e, trabalhando duro, reconstruíram a vida aqui e também ajudaram a construir a nossa cidade.

Os **portugueses** deixaram sua marca na nossa cultura e na cidade.

— Até hoje muitas pessoas precisam deixar tudo para trás e recomeçar a vida em outro lugar. Chamamos essas pessoas de refugiados — explicou Helena.

— Elas fogem de guerras, da falta de oportunidades e algumas vezes de perseguições políticas ou religiosas e precisam ser acolhidas com carinho e respeito. E nós podemos aprender muito com elas — completou Nuno.

Guri sempre que conhece um refugiado faz logo amizade e aproveita para saber mais sobre o país e a cultura do novo amigo.

Padaria São Bento

Com o conhecimento de novas técnicas de construção, do concreto armado, e a influência de uma nova arquitetura, edifícios importantes surgiram e foram a base para a criação da identidade da **Arquitetura Moderna Brasileira**.

O Palácio Gustavo Capanema é um marco.

Projetado por um grupo de arquitetos liderado por Lúcio Costa, é diferente de tudo o que havia até então. No edifício podemos encontrar os cinco elementos que definem a arquitetura moderna: pilotis (térreo livre); planta livre (as divisões dos espaços em cada andar podem ser feitas de acordo com as necessidades); terraço-jardim; fachada livre; e janelas horizontais.

— Lá, além da arquitetura, há os painéis de Candido Portinari! — disse Helena.

— E o paisagismo foi feito por Burle Marx! — lembrou Isabel.

— O que estamos esperando? Vamos já para lá? — convidou Nuno.

Nos anos de 1930 e 1940, também foram construídos outros edifícios que são símbolos do Modernismo, como o da Associação Brasileira de Imprensa e o Aeroporto Santos Dumont.

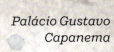

Palácio Gustavo Capanema

Avenida Brasil

A **Avenida Brasil**, projetada para ser um anel rodoviário, foi inaugurada em 1946 com duas pistas centrais, duas pistas laterais e mais de 50 quilômetros. Passando por 26 bairros, ela foi fundamental para o crescimento da cidade.

— O que é um anel rodoviário? — quis saber Nuno.

— É uma via construída nos limites das grandes cidades e que leva a avenidas ou estradas importantes — detalhou Helena. — A ideia é evitar que os carros precisem transitar pelos bairros e assim diminuir os engarrafamentos.

O primeiro trecho ia até a Estrada Rio-Petrópolis. Logo depois, com a inauguração da Rodovia Presidente Dutra, a Avenida Brasil conectou o Centro do Rio de Janeiro a Nilópolis, Nova Iguaçu e muitos outros locais. Passou a ser a principal entrada da cidade para quem chega de carro ou de ônibus.

Antes da avenida o acesso até o Centro, para quem estivesse nas áreas mais afastadas, era feito apenas pelas linhas de trem. A nova via facilitou o deslocamento e estimulou a ocupação dos bairros do entorno, fazendo com que muitas fábricas e empresas se instalassem por ali.

Milhares de veículos passam diariamente pela Avenida Brasil, que é a maior em extensão de todo o país.

Surgiram loteamentos e ocupações nas áreas próximas à Avenida Brasil, como o Complexo da Maré.

— O problema de moradia no Rio começou com a chegada da Corte portuguesa e até hoje não se resolveu — lamentou Helena.

Muita gente vinha para o Rio em busca de trabalho e não tinha onde morar. Como viver nas áreas urbanizadas era (e ainda é) muito caro, a solução para quem não conseguia pagar era viver em áreas informalmente ocupadas.

Para minimizar o problema, pelos anos 1930 o governo começou a construir conjuntos habitacionais.

O Conjunto do Pedregulho, de 1947, em Benfica, e o Minhocão da Gávea, de 1952, projetados pelo arquiteto Affonso Eduardo Reidy, são referências da boa arquitetura moderna. São bem planejados, bem construídos e muito bem localizados.

— Ficam em bairros onde existe infraestrutura, oferta de comércio e de serviços. E onde é possível conseguir trabalho — justificou Helena.

— É mesmo fundamental morar perto do trabalho e ter acesso a escolas, praças, comércio e serviços. Pena que nem todos os conjuntos habitacionais são assim — emendou Nuno.

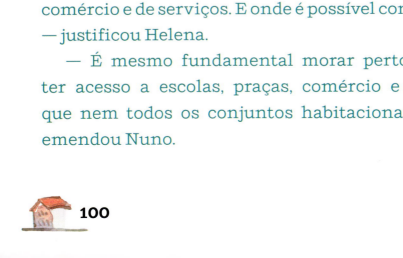

Conjunto Residencial Prefeito Mendes de Moraes – Pedregulho

Copacabana

Nos anos 1950, com a Bossa Nova, a vida ganhava nova trilha sonora.

Todo mundo queria estar em **Copacabana**. E a impressão que dava era que, de fato, todos tinham ido para lá. O bairro passou a ser um dos mais populosos do mundo.

— As casas foram substituídas por edifícios altos, onde moravam muitas famílias, e houve um momento em que, se todos saíssem de casa ao mesmo tempo, não caberiam nas calçadas — contou Isabel.

Em 1950 foi fundada a **Uerj**. A Universidade do Estado do Rio de Janeiro sempre foi referência no ensino superior, em pesquisa e em atividades de extensão.

Cresceu acompanhando as muitas transformações da cidade e do estado e já teve outros nomes, como Universidade do Estado da Guanabara.

— Na época em que o estado do Rio de Janeiro se chamava estado da Guanabara, né? — perguntou Nuno.

— Sim. Depois explico melhor essa história, que é meio complicada — respondeu Helena.

Uerj

A mania do carioca de colocar abaixo os morros ainda não tinha acabado e, em 1960, o **Morro de Santo Antônio** foi o escolhido.

A Avenida República do Chile foi aberta numa área antes ocupada pelo morro. Nela se instalaram enormes edifícios.

Felizmente, a Igreja e o Convento de Santo Antônio, construídos entre 1806 e 1816, e a Igreja da Ordem Terceira de São Francisco da Penitência, de 1657, seguem firmes no que restou do morro e podem ser visitados.

— Ufa! — exclamaram as crianças, aliviadas.

Avenida República do Chile

Com a inauguração de Brasília, em 1960, as coisas mudaram outra vez por aqui.

A capital do país, que era o Rio de Janeiro, foi transferida para Brasília e muita gente foi trabalhar lá. Assim, edifícios que abrigavam funções do governo acabaram sendo destinados a outros usos.

O **Palácio do Catete** deixou de ser o palácio presidencial e hoje abriga um museu muito legal.

— Eu amo passear nos jardins do Palácio do Catete — comentou Guri, animado.

— Nós também — concordaram Helena e Isabel.

A cidade do Rio de Janeiro, que até a transferência da capital para Brasília era Distrito Federal, passou a ser o estado da Guanabara.

— O **estado da Guanabara** tinha os mesmos limites da cidade do Rio de Janeiro e ficava dentro do estado do Rio de Janeiro. Foi o único caso de cidade-estado do país. Para quem viveu naquela época foi confuso porque, primeiro, a cidade virou estado e trocou de nome, e depois virou cidade outra vez, mas com o mesmo nome do estado — tentou explicar Helena, como tinha prometido.

— Confuso mesmo — responderam juntos Nuno e Isabel, ainda sem entender bem.

— Hoje a cidade e o estado se chamam Rio de Janeiro, mas carioca é quem nasce na cidade. Quem nasce no estado é fluminense — concluiu a menina.

— O time? — perguntou Nuno, que torce para o tricolor.

— Não! — respondeu rápido Guri, que é flamenguista.

O **Parque do Flamengo**, que oficialmente tem o nome de Parque Brigadeiro Eduardo Gomes, foi construído sobre um grande aterro. É o maior parque urbano do Brasil.

Idealizado por Maria Carlota Costallat de Macedo Soares, foi projetado por uma equipe com alguns dos melhores arquitetos do país para tornar a cidade ainda mais bonita, mais democrática, e para melhorar a qualidade de vida das pessoas.

No parque estão o Museu de Arte Moderna, o MAM, que é uma referência da arquitetura moderna brasileira; o Monumento Nacional aos Mortos da Segunda Guerra Mundial; a Marina da Glória; e o Monumento a Estácio de Sá.

— E, além disso, tem o parque, a praia e muitas áreas verdes — listou Isabel, que adora passear por lá.

— Também é um ótimo lugar para fazer piquenique. Já pensaram em comer brigadeiros no Parque do Brigadeiro? — brincou Guri, cheio de razão e com a barriguinha roncando.

Aterro do Flamengo

Barra da Tijuca

Parecia que a cidade não tinha mais para onde crescer, mas... tinha sim.

A **Zona Oeste**, que era ocupada por sítios e casas de fim de semana, passou a ser um bairro de moradia. As casas foram sendo substituídas por condomínios de edifícios realmente altos.

Um de seus principais bairros é a Barra da Tijuca, que até parece outra cidade dentro do Rio de Janeiro. Quem chega ali se encanta com a beleza da paisagem, mas, infelizmente, o impacto desses condomínios na natureza tem sido grande. Parte do esgoto é despejado nas lagoas da Barra e de Jacarepaguá e também no mar.

— Se o homem não cuida do seu lixo e do seu esgoto, os animais e as plantas adoecem e podem até morrer — lamentou Helena.

As crianças se chatearam, mas logo se encheram de esperança porque sabem que, em pouco tempo, terão a oportunidade de fazer diferente.

O transporte coletivo ainda não era eficiente, mas os governantes preferiram investir em **vias expressas** para as pessoas se deslocarem em seus próprios carros.

Foram construídos viadutos, que são vias que passam sobre outras vias e permitem que o fluxo possa seguir livre. O Viaduto Paulo de Frontin liga a Avenida Brasil à Lagoa Rodrigo de Freitas, passando por cima do Rio Comprido. O Viaduto da Perimetral ligava a Zona Sul até a Ponte Rio-Niterói sobre a Avenida Beira-Mar.

— Ligava? — perguntaram Nuno e Isabel surpresos.

— Ligava. Ele foi implodido para permitir que a área central da cidade e o mar ficassem pertinho outra vez — Helena contou.

— Para quem não conheceu, é difícil imaginar que havia um viaduto sobre o Centro do Rio — comentou Guri.

Ponte Rio-Niterói

A **Ponte Rio-Niterói**, uma das grandes obras de engenharia da cidade, foi inaugurada em 1974 e tem 13,29 quilômetros de extensão, sendo que 8,83 quilômetros ficam sobre as águas da Baía de Guanabara.

Em 1979, o **metrô** chegou ao Rio de Janeiro.

No início eram apenas cinco estações e 4,3 quilômetros de extensão, mas, mesmo pequeno, melhorou o transporte coletivo na cidade.

— E, além de tornar mais fácil e rápido ir de um lugar a outro, é um programa muito legal — observou Guri, que capricha no visual quando passeia de metrô.

— Com o tempo, nosso metrô cresceu — afirmou Isabel.

— Sim. Ainda pode melhorar, mas já alcança boa parte da cidade e chega até a Barra da Tijuca. E, nos últimos anos, ganhou o reforço do BRT — disse Helena.

— Finalmente foram feitos investimentos em transporte coletivo! — comemoraram os primos.

As crianças caminhavam conversando sobre a cidade quando lembraram que a avó, que era professora — ou é, porque quem é professor nunca deixa de ser —, dava aulas numa escola dentro do **Sambódromo**.

Durante o ano, nas instalações funcionam escolas da rede pública, e, durante o Carnaval, o espaço serve de palco para o Desfile das Escolas de Samba.

— Quer dizer que quem assiste aos desfiles nos camarotes está, na verdade, dentro de uma sala de aula? — perguntou Isabel.

Nuno e Helena concordaram. Eles nunca foram a um camarote, mas já tinham visitado vovó Ligia na escola.

— E a escolha da área não foi por acaso. Ali ao lado, na Praça Onze, surgiram os primeiros blocos e a primeira escola de samba da cidade — contou Guri, que adora Carnaval e sempre desfila pela Mangueira.

Para honrar a ancestralidade africana de nosso povo, foi construído ali pertinho um monumento a Zumbi dos Palmares, um dos heróis da nossa história.

Sambódromo

Mapa das linhas

Algumas linhas de **conexão viária** do Rio de Janeiro foram planejadas há muito tempo e desenhadas num mapa, ou "planta", como chamam os urbanistas. A ideia era preparar a cidade para o futuro.

O projeto, que não foi inteiramente implementado, ficou conhecido como Plano Policromático, porque usava linhas coloridas para representar as vias que seriam construídas: Amarela, Azul, Lilás, Marrom, Verde e Vermelha.

A Linha Lilás liga Laranjeiras ao Centro pelo Túnel Santa Bárbara. Muita gente passa por lá sem saber que está numa das linhas coloridas da cidade.

— A Linha Verde não foi totalmente construída. Ligaria a Via Dutra à Gávea e teria um túnel que iria da Rua Uruguai, na Tijuca, até a Praça Santos Dumont, na Gávea. Já imaginaram? — perguntou Helena.

— Uauuu! — exclamou Nuno.

— A Linha Vermelha liga a Zona Sul a São João de Meriti, passando pelo Aeroporto Internacional do Galeão, e a Linha Amarela liga a Barra da Tijuca à Via Dutra — completou a menina.

— Vamos olhar as linhas no mapa — propôs Isabel, querendo entender tudo bem direitinho.

O tempo foi passando e novas obras surgiram para remodelar a cidade e minimizar alguns de seus maiores problemas.

O programa **Rio Cidade**, nos anos 1990, trouxe melhorias a muitos bairros e, dessa vez, não apenas para as áreas mais nobres. Bairros de todos os cantos da cidade ganharam projetos de revitalização em sua rua principal. O objetivo era melhorar o trânsito, a segurança e embelezar os lugares.

O programa **Favela-Bairro**, lançado na mesma época, foi um marco: pela primeira vez, as favelas estavam recebendo um olhar atento do poder público. E a intenção era melhorar os espaços e a vida das pessoas — e não remover a população.

Favela-Bairro

A Copa do Mundo, que já havia sido realizada no Brasil na inauguração do **Maracanã**, em 1950, voltou em 2014. O Rio e outras cidades passaram por grandes transformações para receber o maior evento do futebol mundial.

— As cidades que recebem a Copa sempre fazem muitas obras, né? — quis saber Isabel.

— Sim, mas nem sempre são adequadas e têm utilidade depois dos jogos — advertiu Helena.

Durante as obras, a cidade ficou uma bagunça, mas, quando os jogos começaram, mesmo que tudo não tivesse ficado exatamente como planejado, as coisas correram muito bem.

— Pelo menos fora de campo... — queixou-se Nuno, lembrando que a nossa Seleção não se saiu como esperávamos.

Maracanã

VLT

E, apenas dois anos depois, em 2016, o Rio de Janeiro foi a sede dos Jogos Olímpicos.

A cidade fez bonito e soube aproveitar a oportunidade para investir em transportes coletivos e em novos espaços urbanos.

— Hoje a gente pode cruzar o Centro no VLT — disse Nuno, que adora o passeio.

— VLT é Vira-Lata Transportes, né, Guri? — brincou Isabel sobre o trem conhecido como Veículo Leve sobre Trilhos.

Pelo menos parte da estrutura feita para as Olimpíadas segue sendo utilizada.

— O Rock in Rio agora acontece no Parque Olímpico — gritaram as crianças, que amam o festival.

O Rio de Janeiro vem passado por tempos difíceis, mas o povo carioca, além de alegre, é resiliente. Sabe se adaptar e, mesmo nas maiores dificuldades, segue apaixonado pela cidade.

Muita gente trabalha com entusiasmo para preservar a nossa história, salvar o que resta do nosso meio ambiente e garantir que nossa memória urbana seja valorizada nos livros, em sites e nas ruas.

— **Um povo sem memória é um povo sem história. E um povo sem história está fadado a cometer, no presente e no futuro, os mesmos erros do passado** — declarou Helena, explicando: — Li essa frase numa exposição e anotei para não esquecer. É uma frase da professora de História Emília Viotti da Costa.

Rio visto de cima

O Rio vem sendo construído ao longo dos anos e muita gente faz parte dessa história.

— Quando vemos a cidade sob o nosso próprio olhar e compreendemos seus significados, ela fica ainda mais bonita — admitiu Nuno, encantado com a cidade, que, afinal, também é um pouco dele.

— Estamos vendo o Rio com outros olhos: os nossos olhos! — reforçou Helena.

Entendendo as transformações urbanas, entendemos também como as pessoas viviam, as suas dificuldades e todo o esforço que fizeram para que a nossa cidade ficasse bem do jeitinho que ela é.

— Temos muito a agradecer a todos os que ajudaram a construir o nosso Rio: os imigrantes, que vieram por vontade própria; os negros escravizados, que vieram obrigados; os indígenas, que já estavam aqui e foram expulsos. Todos eles estão em cada um de nós — disse Helena, emocionada.

— E também temos que voltar logo para casa se não quisermos confusão — avisou Isabel.

Já estava mesmo tarde. As crianças haviam perdido a noção do tempo. Os quatro olharam admirados a paisagem.

— Que passeio emocionante. Temos sorte de estar na melhor cidade do mundo — suspiraram os primos, pensando nas muitas aventuras que já tiveram o Rio de Janeiro como cenário.

As crianças e Guri estavam mesmo felizes. Juntaram as mãos e as patas e, antes de tomarem o caminho de casa, deram o tradicional grito de comemoração do grupo:

— Ehhhhhhhhhh!!! — gritaram numa só voz.

As férias estavam apenas começando e as crianças estavam cheias de planos.

— Vamos pesquisar lugares especiais para visitarmos juntos? — sugeriu Nuno.

— Eu quero visitar o Campo de São Cristóvão. Sei que lá tem música boa e comidinhas deliciosas. E também o Observatório Nacional, o Mosteiro de São Bento, o Forte do Leme, que o nome certo não lembro agora, e muitos outros lugares — enumerou Isabel, apressada.

— Calma, Isabel, vamos nos organizar — ponderou Helena. — Podemos fazer cartões com informações sobre os lugares que queremos visitar para aproveitar melhor os passeios.

— Cartões de passeios! Genial! — aprovaram todos, pulando e se abraçando.

E foram caminhando, felizes e falantes. Cheios de planos e transbordando de amor pelo Rio de Janeiro.

Hora de voltar para casa

Referências

Quando queremos contar uma história que aconteceu mesmo, mas que a gente não estava lá para ver e saber tim-tim por tim-tim como foi, é muito importante nos informarmos bem direitinho.

Foi pesquisando, lendo, assistindo a aulas, andando pelas ruas e ouvindo histórias que aprendi sobre como se formou e se transformou a cidade do Rio de Janeiro.

Eu não vi quando Dom João desembarcou com a Corte, nem quando o prefeito Pereira Passos promoveu as reformas que mudaram a cara da cidade. Mas, com a ajuda de ótimos livros, pude conhecer melhor a história do Rio de Janeiro, descobrir alguns de seus segredos e entender por que a cidade ficou do jeitinho que é hoje.

Se você ficou com vontade de saber mais sobre a evolução urbana da cidade do Rio de Janeiro ou se apenas gostaria de saber onde foi que eu pesquisei, aqui está a relação de livros que serviram como fonte de informação. São livros que, em sua maioria, não foram escritos para crianças, mas são valiosos porque contam muito sobre a nossa história.

As referências também servem para darmos o merecido reconhecimento ao importante trabalho dos autores que nos ajudaram a entender tanta coisa.

ABREU, Maurício de A. *Evolução urbana do Rio de Janeiro*. Rio de Janeiro: IPP, 4ª ed., 2013.

AGACHE, Alfred et al. *Cidade do Rio de Janeiro: extensão, remodelação, embelezamento*. Paris: Foyer Brésilien, 1930.

ANDRADE, Carlos Fernando. *Vazou: crônicas do urbanismo carioca*. Rio de Janeiro: Outras Letras, 2019.

BARREIROS, Eduardo Canabrava (org.). *Atlas da evolução urbana do Rio de Janeiro: ensaio, 1565-1965*. Rio de Janeiro: IHGB, 1965.

CONDE, Luiz Paulo; MAGALHÃES, Sérgio Ferraz. *Favela-Bairro: uma outra história da cidade do Rio de Janeiro*. Rio de Janeiro: ViverCidades, 2004.

DEBRET, Jean-Baptiste. *Viagem pitoresca e histórica ao Brasil*. São Paulo: Livraria Martins Fontes, 2 vols., 1949.

FERREZ, Gilberto. *O Paço da cidade do Rio de Janeiro*. Rio de Janeiro: Fundação Nacional Pró-Memória, 1984.

GERSON, Brasil. *História das ruas do Rio (e da sua liderança na história política do Brasil)*. Rio de Janeiro: Bem-Te-Vi, 2015.

GUIMARÃES, Márcia Noêmia. *Rio de Janeiro, a Cidade Maravilhosa*. São Paulo: Cortez, 2ª ed., 2009.

LIMA, Evelyn Furquim Werneck (org.). *Rio de Janeiro: uma cidade no tempo*. Rio de Janeiro: Diagraphic Projetos Gráficos e Editoriais Ltda., 1992.

MAGALHÃES, Sérgio. *Sobre a cidade, habitação e democracia no Rio de Janeiro*. Rio de Janeiro: Editora Pro, 2002.

MARTINS, Alberto. *A história de Biruta*. São Paulo: Companhia das Letrinhas, 2008.

MITIDIERI, Jorge. *Contos e contos: histórias, estórias e lendas do Rio de Janeiro*. Rio de Janeiro: Oficina de Livros, 2008.

NONATO, José Antonio; SANTOS, Nubia Melhem. *Era uma vez o Morro do Castelo*. Rio de Janeiro: Iphan, 2000.

PEREIRA, Renata de Faria. *RIORIO: a história da cidade do Rio de Janeiro em quadrinhos*. Rio de Janeiro: Restauro, 11ª ed., 2015.

PIMENTEL, Luís. *Neguinho do Rio*. Rio de Janeiro: Pallas, 2011.

RUFINO, Olavo; GARCIA, Tatiana (orgs.). *A história do gás: do Rio de Janeiro para o Brasil*. Rio de Janeiro: CEG, 2005.

SANTOS, Paulo F. *Quatro séculos de arquitetura*. Rio de Janeiro: IAB, 1981.

SIGAUD, Márcia Frota; PINHO, Cláudia Maria Madureira. *Morro da Conceição: da memória ao futuro*. Rio de Janeiro: Sextante/Prefeitura, 2000.

SISSON, Rachel. *Espaço e poder: os três centros do Rio de Janeiro e a chegada da Corte portuguesa*. Rio de Janeiro: Arco, 2008.

SOUZA, Roberto Acízelo (org.). *Cantos do Rio: imagens literárias de bairros e localidades cariocas*. Rio de Janeiro: Ponteio/Faperj, 2016.

Sites

____. *Atlas escolar da cidade do Rio de Janeiro, 2018*. Secretaria Municipal de Educação/IPP: <https://www.data.rio/apps/atlas-escolar/explore>.

____. *Armazenzinho: histórias do Rio*. Secretaria Municipal de Educação/IPP: <https://apps.data.rio/armazenzinho/>.

Confira nossa linha do tempo

Guri, como tudo neste livro, existe de verdade.

Esse cara aí da foto andava pelo Centro da cidade, desvendando mistérios e buscando comida.

Diariamente ia da Cinelândia até a Praça Mauá, de olho no lanche de algum distraído. E quase sempre conseguia: enxergava uma comidinha e dava um jeito de dar uma mordida caprichada. Comia bem, mas vivia muito sozinho.

Um dia ouviu alguém cantarolando uma música que dizia que em Realengo todos davam alôs e abraços. A música não era bem assim, mas foi isso que ele entendeu. Pegou o trem na Central e partiu para Realengo, feliz. Já estava há muito tempo nas ruas... Um abraço, e quem sabe um carinho na barriga, era o que ele mais queria.

Chegando lá, viu um grupo e se animou. Correu para cima deles de patas abertas e aquele sorriso, que, de tão grande, deixa todos os dentes para fora da boca. Mas alguma coisa deu errado. Guri não ganhou abraços nem carinhos. Ganhou chutes e vassouradas e correu tão assustado que foi atropelado.

Estava caído na rua, triste e machucado, quando o avô das crianças o encontrou e o levou para o hospital veterinário. Guri passou um tempão lá, até que, num 20 de setembro, ganhou alta e uma família.

20 de setembro é a data em que, no Rio Grande do Sul, comemora-se a Revolução Farroupilha. Por isso Guri foi batizado assim.

Hoje Guri tem casa e ganha abraços e carinhos o tempo todo. E, mesmo tendo comida adequada e saudável, não recomendo a ninguém ficar distraído com o lanche perto dele. Guri está sempre atento e é mais rápido que o vento!

Colophon

Este livro foi impresso pela Gráfica Comunicação Impressa no ano de 2024 na cidade de Porto Alegre